Tiempo extremo

Fabiola Sepulveda

Notas para los adultos

Este libro sin palabras ofrece una valiosa experiencia de lectura compartida a los niños que aún no saben leer palabras o que están empezando a aprender a leer. Los niños pueden mirar las páginas para obtener información a partir de lo que ven y también pueden sugerir textos posibles para contar la historia.

Para ampliar esta experiencia de lectura, realice una o más de las siguientes actividades:

Dibujen la ropa y las cosas que usan las personas en diferentes estados del tiempo.

Al mirar las imágenes y contar la historia, introduzca elementos de vocabulario, como las siguientes palabras:

- arcoíris
- calor
- carámbano
- granizo
- hielo
- húmedo
- huracán
- inundación
- lluvia
- niebla
- nieve
- relámpago
- seco
- sol
- tormenta
- tornado
- trueno
- ventisca

Comenten cómo está el tiempo hoy. Además, hable con el niño sobre situaciones de tiempo extremo que usted haya experimentado y lo que tuvo que hacer (por ejemplo, quedarse adentro).

Después de mirar las imágenes, vuelvan al libro una y otra vez. Volver a leer es una excelente herramienta para desarrollar destrezas de lectoescritura.

Miren videos que muestren distintos estados del tiempo. Comenten lo que ven y oyen.

Asesora
Cynthia Malo, M.A.Ed.

Créditos de publicación
Rachelle Cracchiolo, M.S.Ed., *Editora comercial*
Emily R. Smith, M.A.Ed., *Vicepresidenta superior de desarrollo de contenido*
Véronique Bos, *Vicepresidenta de desarrollo creativo*
Dona Herweck Rice, *Gerenta general de contenido*
Caroline Gasca, M.S.Ed., *Gerenta general de contenido*

Créditos de imágenes: todas las imágenes cortesía de iStock y/o Shutterstock

Library of Congress Cataloging-in-Publication Data
Names: Sepulveda, Fabiola, author.
Title: Tiempo extremo / Fabiola Sepulveda.
Other titles: Wild weather. Spanish
Description: Huntington Beach, CA : Teacher Created Materials, [2025] | Audience: Ages 3-9 | Summary: "Every day, there is weather. But some days, the weather is wild!"-- Provided by publisher.
Identifiers: LCCN 2024022488 (print) | LCCN 2024022489 (ebook) | ISBN 9798765962039 (paperback) | ISBN 9798765966983 (ebook)
Subjects: LCSH: Weather--Pictorial works--Juvenile literature. | BISAC: JUVENILE NONFICTION / Science & Nature / Earth Sciences / Weather | JUVENILE NONFICTION / Science & Nature / Earth Sciences / General
Classification: LCC QC981.3 .S4718 2025 (print) | LCC QC981.3 (ebook) | DDC 551.55--dc23/eng/20240629

Se prohíbe la reproducción y la distribución de este libro por cualquier medio sin autorización escrita de la editorial.

5482 Argosy Avenue
Huntington Beach, CA 92649
www.tcmpub.com
ISBN 979-8-7659-6203-9
© 2025 Teacher Created Materials, Inc.
Printed by: 926. Printed in: Malaysia. PO#: PO13820